I0013915

Création d'un site web dynamique

Chiheb Khamlia

Création d'un site web dynamique

Site de recherche d'emploi

Éditions universitaires européennes

Mentions légales / Imprint (applicable pour l'Allemagne seulement / only for Germany)
Information bibliographique publiée par la Deutsche Nationalbibliothek: La Deutsche Nationalbibliothek inscrit cette publication à la Deutsche Nationalbibliografie; des données bibliographiques détaillées sont disponibles sur internet à l'adresse http://dnb.d-nb.de.
Toutes marques et noms de produits mentionnés dans ce livre demeurent sous la protection des marques, des marques déposées et des brevets, et sont des marques ou des marques déposées de leurs détenteurs respectifs. L'utilisation des marques, noms de produits, noms communs, noms commerciaux, descriptions de produits, etc, même sans qu'ils soient mentionnés de façon particulière dans ce livre ne signifie en aucune façon que ces noms peuvent être utilisés sans restriction à l'égard de la législation pour la protection des marques et des marques déposées et pourraient donc être utilisés par quiconque.

Photo de la couverture: www.ingimage.com

Editeur: Éditions universitaires européennes est une marque déposée de
Südwestdeutscher Verlag für Hochschulschriften GmbH & Co. KG
Dudweiler Landstr. 99, 66123 Sarrebruck, Allemagne
Téléphone +49 681 37 20 271-1, Fax +49 681 37 20 271-0
Email: info@editions-ue.com

Produit en Allemagne:
Schaltungsdienst Lange o.H.G., Berlin
Books on Demand GmbH, Norderstedt
Reha GmbH, Saarbrücken
Amazon Distribution GmbH, Leipzig
ISBN: 978-613-1-59600-1

Imprint (only for USA, GB)
Bibliographic information published by the Deutsche Nationalbibliothek: The Deutsche Nationalbibliothek lists this publication in the Deutsche Nationalbibliografie; detailed bibliographic data are available in the Internet at http://dnb.d-nb.de.
Any brand names and product names mentioned in this book are subject to trademark, brand or patent protection and are trademarks or registered trademarks of their respective holders. The use of brand names, product names, common names, trade names, product descriptions etc. even without a particular marking in this works is in no way to be construed to mean that such names may be regarded as unrestricted in respect of trademark and brand protection legislation and could thus be used by anyone.

Cover image: www.ingimage.com

Publisher: Éditions universitaires européennes is an imprint of the publishing house
Südwestdeutscher Verlag für Hochschulschriften GmbH & Co. KG
Dudweiler Landstr. 99, 66123 Saarbrücken, Germany
Phone +49 681 3720-310, Fax +49 681 3720-3109
Email: info@editions-ue.com

Printed in the U.S.A.
Printed in the U.K. by (see last page)
ISBN: 978-613-1-59600-1

Table de Matère :

Chapitre 3 : phase construction

Chapitre 4 : phase transition

Annexes

Etude préalable

Introduction :

L'étude préalable correspond à un niveau relativement global de l'étude et de la description fonctionnelle du futur système. Elle permet d'obtenir un dossier de spécification fonctionnelle d'ensemble fournissant la liste exhaustive de toutes les procédures du système.

I. Recueil:

1. Définition de la mission :

Notre mission est de concevoir et développer une application web de recherche d'emploi dédiée aux diplômés de la FSJEGJ (faculté des sciences juridiques, économiques et de gestion de Jendouba)

Cette étape est composée de trois phases :

- **Présentation de l'application.**

- **Analyse de l'existant.**

- **Objectifs à atteindre.**

a. Présentation de l'application :

Le site de recherche d'emploi consiste à accueillir les demandeurs d'emploi diplômés de la FSJEGJ en essayant de trouver un travail pour eux parmi les offres posées par les recruteurs.

Cette application effectuera les procédures suivantes :

- L'inscription des demandeurs d'emploi dans le site.

- L'inscription des recruteurs dans le site.

- La consultation des offres d'emploi pour les demandeurs d'emploi.

- la consultation des dossiers des candidats pour les recruteurs.

b. Analyse de l'existant :

L'emploi constitue l'une des principales priorités de l'action gouvernementale afin de relever les défis qui se présentent, telle l'évolution de la structure des demandes additionnelles et la progression continue du nombre des diplômés de l'enseignement supérieur, qui représentent 55% de l'ensemble de ces demandes.

La seule chose qui préoccupe les diplômés est de trouver un travail. Ce qui nécessite une connaissance des offres d'emploi dans les media (télé, radio, journaux) et un déplacement pour poser les C.V.

Cet acte peut devenir ennuyeux et couteux avec la répétition.

Le recrutement électronique introduit, en effet, une bonne dose de transparence sur les opérations de recrutement, notamment, dans notre pays ou le relationnel consistant à se trouver vers les relations, reste un mode dominant, parfois au détriment des profils recherchées.
Ainsi, par le mode électronique, les compétences sont mieux mises à contribution.

c. Objectif à atteindre :

Les principaux objectifs à atteindre concernant l'application "recherche d'emploi" sont les suivants :

- Prévoir une application assez dynamique et simple pour assurer l'exactitude et la cohérence.
- Avoir une base de données afin de faciliter le contact entre le demandeur d'emploi et le recruteur.
- Eviter les erreurs par l'instauration de contrôles efficaces lors de la prise en charge des informations et l'utilisation de procédures informatisées pour réaliser les différentes taches.
- Faciliter la procédure de recherche d'emploi.
- Faciliter la procédure de recherche des candidats.
- Poster des informations accessibles par tous les visiteurs du site.
- Faciliter la navigation dans le site.

2. Présentation de la FSJEGJ

La Faculté des Sciences Juridiques, Economiques et de Gestion de Jendouba (FSJEGJ) est un établissement d'enseignement supérieur et de recherche. Elle est la première faculté dans le Nord-ouest du pays.

Crée par la loi 93-75 du 12/07/1993, elle joue un rôle central dans la formation des cadres qui sont capables d'assurer avec intelligence, imagination et efficacité leurs professions dans les domaines des sciences juridiques, des sciences de gestion, de l'informatique, des méthodes quantitatives et des sciences économiques.

La FSJGEJ a commencé à mettre en œuvre, dans le cadre du projet de mise à niveau du système éducatif par le Ministère de l'Enseignement Supérieur, de la Recherche Scientifique et de la Technologie, le projet de modernisation des enseignements basé sur système LMD : Licence, Maîtrise et Doctorat.

a. Les départements

Pour assurer pleinement son rôle, la FSJEGJ est ainsi divisée en départements comme suit:

- Département des sciences juridiques
- Département des sciences de gestion
- Département des méthodes quantitatives
- Département des sciences économiques
- Département Informatique
- Unité de coordination de l'anglais
- Unité de coordination du français.

b. Les études

La FSJEGJ offre les formations suivantes tout en généralisant l'enseignement de l'informatique dans toutes les disciplines.

- **Les maîtrises:**

- Maîtrise Informatique appliquée à la gestion
- Maîtrise Economie Financière et Bancaire
- Maîtrise Economie internationale
- Maîtrise Economie industrielle
- Maîtrise Comptabilité
- Maîtrise Droit privé
- Maîtrise Droit public
- Maîtrise Marketing

- Maîtrise Science comptable

- **Les licences :**

- Diplômes de technicien commercial en informatique
- Diplômes d'assistant de la gestion des petites et moyennes entreprises
- Licence Appliquée en Techniques d'Assurances (LATA)
- Licence Appliquée en Analyse des Projets et Consulting Economiques (LAAPC)
- Licence Appliquée en Technique Comptable et fiscale (LATCF)
- Licence Appliquée en Techniques du commerce International (LATCI)
- Licence Fondamentale en Economie (LFECO)
- Licence Fondamentale en Gestion (1LFGES)
- Licence Appliquée en Gestion des Entreprises (LAGE)
- Licence Fondamentale en informatique Appliquée à la gestion (LFIAG)

- **Les diplômes post-maîtrisent :**

- Master Banque finance.
- Master Informatique : Données connaissances et systèmes distribués.
- Mastère Droit des affaires.
- Mastère en science comptable.
- Mastère Création d'entreprise. (Mastère spécialisée)
- Mastère en Marketing

- **Les Formations continues : Formation 21-21**

Date de début de formation : Mai 2000.
Durée de formation : 6 mois avec 2mois stages dans différents établissement.
Diplômes : Multimédia et réseau

c. Environnements économiques, sociaux et culturels de la faculté :

La FSJEGJ est pleinement sur son environnement. A cet égard elle organise des rencontres scientifiques, économiques, sociales et culturelles avec ses partenaires. Elle a mis en place et compte en mettre des associations pour mieux s'intégrer dans son environnement. On peut relever les actions suivantes :
1. Projet de création d'une association: "Développement du partenariat entre l'université de Jendouba et son environnement économique".
2. Organisation de visites des enseignants à certaines entreprises de la région.
3. Organisation d'e Journées d'études.
4. Organisation de Séminaires de recherche.
5. Création de clubs ou d'associations d'étudiants

d. **Le site Web de FSJEGJ :**

La Faculté FSJEGJ dispose d'un site Web dynamique qui permet :
- **Aux enseignants :**
  De publier leurs plans et/ou leurs supports de cours.
- **Aux étudiants :**
- De s'inscrire à distance
- D'obtenir leurs résultats à distance
- D'obtenir les calendriers des examens
- D'accéder à la base de données des codes des ouvrages de la bibliothèque

II. Pourquoi le processus unifié :

Tout au long de ce projet, nous allons suivre les phases de développement du processus unifié et ainsi présenter notre rapport selon sa structure.
Le processus unifié est itératif et incrémental, il est basé sur des composants. Il utilise UML et est basé sur les cas d'utilisations, l'architecture et le développement incrémental. Pour mettre en pratique ces idées il faut recourir à un processus multi-facettes prenant en considération les cycles, les phases, les enchainements d'activités, la réduction des risques, le contrôle qualité, la gestion de projet et la gestion de configuration. Le processus unifié a mis en place un cadre générale (Framework) intégrant chacune de ces facettes.

III. L'environnement de Développement du futur Système :

❖ *Outils Logiciels :*

- **Macromedia Dreamweaver v8.0 :**

Plus rapide, plus simple d'emploi et plus puissant que la version précédente, Dreamweaver 8.0 est une mise à jour essentielle pour les professionnels ; quant aux amateurs, ils devraient plutôt lui préférer une application moins complexe. Dreamweaver 8 inclut de nouvelles fonctionnalités qui facilitent son utilisation et permettent de créer des pages aussi bien dans l'environnement de conception que de programmation.
Tout d'abord, Dreamweaver 8 prend en charge les meilleures pratiques et les normes les plus récentes de l'industrie, ce qui inclut la prise en charge de l'utilisation avancée des feuilles CSS, du code XML et des fils RSS, ainsi que des normes d'accessibilité.

- **EasyPhp 2.0:**

EasyPHP installe et configure automatiquement un environnement de travail complet sous Windows permettant de mettre en oeuvre toute la puissance et la souplesse qu'offrent le langage dynamique PHP et son support efficace des bases de données. EasyPHP regroupe un serveur Apache, une base de données MySQL, le langage PHP ainsi que des outils facilitant le développement de vos sites ou de vos applications.
Cette version est composée de:
o Apache 2.2.3
o PHP 5.2.0
o MySQL 5.0.27
o PHPMyAdmin 2.9.1.1
o SQLiteManager 1.2.0

- **Serveur Apache :**

Apache est conçu pour prendre en charge de nombreux modules lui donnant des fonctionnalités supplémentaires : interprétation du langage Perl, PHP, Python et Ruby, serveur proxy, Common Gateway Interface, Server Side Includes, réécriture d'URL, négociation de contenu, protocoles de communication additionnels, etc.
Les possibilités de configuration d'Apache sont une fonctionnalité phare. Le principe repose sur une hiérarchie de fichiers de configuration, qui peuvent être gérés indépendamment. C'est notamment utile aux hébergeurs Web qui peuvent ainsi servir les sites de plusieurs clients à l'aide d'un seul serveur HTTP. Pour les clients, cette fonctionnalité est rendue visible par le fichier .htaccess.
Parmi les logiciels aidant la maintenance d'Apache, les fichiers de log peuvent s'analyser à l'aide de nombreux scripts et logiciels libres tels que AWStats, Webalizer ou W3Perl. Plusieurs interfaces graphiques facilitent la configuration du serveur.

- **MySQL :**

Est un système de gestion de base de données. Selon le type d'application, sa licence est libre ou propriétaire. Il fait partie des logiciels de gestion de base de données les plus utilisés au monde, autant par le grand public (applications Web principalement) que par des professionnels, au même titre que Oracle ou Microsoft SQL Server.
Macromedia Fireworks :
Est un logiciel de création d'images, spécialement conçu pour le web, mais il est aussi possible de créer des images pour l'impression, même si le logiciel ne supporte pas le CMJN, il supporte tout de même les gestions des PPP (Points par pouce).

- **Rational Rose :**

La famille de produits de Rational Rose est conçue pour fournir au développeur de logiciels un ensemble complet d'outils de modélisation graphique, adaptes au développement de solutions pour des besoins réels dans le domaine des divers systèmes (client/serveur, systèmes reparties, systèmes temps réels, . . .).

- **Pacestar UML Diagrammer V6 :**

UML (Unified Modeling Language) est un standard visuel diagramming langue utile pour la conception et la mise en œuvre de nombreux aspects des systèmes complexes. Armés de Pacestar UML Diagrammer et une copie officielle de la spécification du langage UML, pour être en mesure de créer tous les types de diagrammes UML avec facilité. Le système de travail de conception, d'organisation, de communication et bénéficiera grandement. La cohérence et l'homogénéité est assurée par l'inclusion des modèles pour les plus communs UML formats. La puissance et la flexibilité restent sans compromis.

- **Easy FlashMaker 1.5**

"Easy FlashMaker" est un logiciel simple pour créer des films Macromedia Flash (SWF dossiers) rapidement et facilement. Il est bien connu que la création Flash en utilisant des logiciels professionnels est très difficile pour les débutants et même pour les utilisateurs plus expérimentés. Ce processus est aussi simple et pratique que possible.

❖ *Langages Utilisés :*

- **PHP (acronyme récursif pour Hypertext Preprocessor) :**

Est un langage de scripts libre[] principalement utilisé pour produire des pages web dynamiques via un serveur HTTP, mais pouvant également fonctionner comme n'importe quel langage interprété de façon locale, en exécutant les programmes en ligne de commande. PHP est un langage impératif disposant depuis la version 5 de fonctionnalités de modèle objet complètes. En raison de la richesse de sa bibliothèque, on désigne parfois PHP comme une plate-forme plus qu'un simple langage.

- **HTML:**

L'Hypertext Markup Language, généralement abrégé HTML, est le format de données conçu pour représenter les pages web. Il permet notamment d'implanter de l'hypertexte dans le contenu des pages et repose sur un langage de balisage, d'où son nom. HTML permet aussi de structurer sémantiquement et de mettre en forme le contenu des pages, d'inclure des ressources multimédias dont des images, des formulaires de saisie, et des éléments programmables tels que des applets. Il permet de créer des documents interopérables avec des équipements très variés de manière conforme aux exigences de l'accessibilité du web. Il est souvent utilisé conjointement avec des langages de programmation (JavaScript) et des formats de présentation (feuilles de style en cascade). HTML est initialement dérivé du Standard Generalized Markup Language (SGML).

- **CSS :**

Le langage informatique CSS (Cascading Style Sheets : feuilles de style en cascade) sert à décrire la présentation des documents HTML et XML. Les standards définissant CSS sont publiés par le World Wide Web Consortium (W3C). Introduit au milieu des années 1990, CSS devient couramment utilisé dans la conception de sites web et bien supportés par les navigateurs web dans les années 2000.

- **SQL :**

Structured Query Langage (SQL), ou langage structuré de requêtes, est un pseudo langage (de type requête) standard et normalisé, destiné à interroger ou à manipuler une base de données relationnelle avec :
- Un langage de définition de données (LDD, ou en anglais DDL, Data définition langage),
- Un langage de manipulation de données (LMD, ou en anglais DML, Data manipulation langage), la partie la plus courante et la plus visible de SQL,
- Un langage de contrôle de données (LCD, ou en anglais DCL, Data control langage),
- Un langage de contrôle des transactions (LCT, ou en anglais TCL, Transaction control langage),
- Et d'autres modules destinés notamment à écrire des routines (procédures, fonctions ou déclencheurs) et interagir avec des langages externes.

Chapitre 1 : Phase d'incubation

Introduction :

La phase d'incubation est la première phase du processus unifié permettant l'étude de faisabilité de ce projet. Elle permet aussi de comprendre le contexte du système.

En effet, elle permet la clarification du champ d'investigation.

➢ Délimiter la portée du système en identifiant les principaux acteurs et les cas d'utilisations.

➢ Construire une architecture capable de fonctionner.

I. Capture des besoins :

❖ Spécification des besoins :

On distingue 2 types de besoins :

- Besoins Fonctionnels :

  - Le demandeur d'emploi peut trouver un emploi.
  - Les entreprises peuvent satisfaire leurs besoins en ressources humaine.
  - Tout le monde peut voir les actualités du site

- Besoins non fonctionnels :

  - Le site doit avoir une interface conviviale et ergonomique.
  - Faciliter la navigation dans le site.
  - Le site doit être maintenable.

- La réalisation de ce site doit mettre en œuvre des outils performants ; le serveur web, le langage de Script, le SGBD...

1-Identification des acteurs

❖ Définition d'un acteur :

Un acteur représente un rôle joué par une personne ou une chose qui interagit avec le système, en faite un acteur représente l'abstraction d'un rôle joué par des entités externes (utilisateur, dispositif matériel ou autre système) qui interagissent directement avec le système étudié. De ce faite on peut dire que les acteurs se déterminent en observant les utilisateurs du système, ceux qui sont responsables de son exploitation ou de sa maintenance, ainsi que les acteurs systèmes qui interagissent avec le système en question en consultant et /ou en modifiant directement l'état de ce dernier (le système) en émettant et/ou en recevant des messages éventuellement porteurs de données.

❖ Les principaux acteurs de notre système :

-Visiteur : C'est toute personne possédant une connexion Internet lui permettant d'accéder au site à partir de son poste personnel.

-demandeurs d'emploi : Ce sont les gens qui cherchent un emploi.

-les recruteurs : Ce sont les entreprises qui cherchent des employées.

2-Identification des messages :
❖ Définition d'un message :

Un message représente la spécification d'une communication unidirectionnelle entre objets qui transportent de l'information avec l'intention de déclencher une activité chez le récepteur.

❖ *Les divers messages dans le système :*

-Le site émet les messages suivants :

   a- Informations général sur les diverses rubriques du site (1)

   b- les offres d'emploi (2)

   c- les dossiers des candidats (3)

-Le site reçoit les messages suivants :

   a- Demandes Informations général sur les diverses rubriques du site (4)

   b- Demande les offres d'emploi (5)

   c- Demande les dossiers des candidats (6)

3-Modélisation du contexte :

❖ *Définition du diagramme de contexte :*

La première étape de modélisation consiste à définir le périmètre du système, en d'autres termes, à définir le contour ou le contexte de l'organisation à modéliser. Pour se faire UML met à la disposition un diagramme dit de contexte qui se charge de modéliser l'environnement du système.

Le contexte du système est constitué de tous les éléments externes au système et qui dialoguent avec lui ; Ce diagramme permet de spécifier le nombre d'instances d'acteurs en interaction avec au système à un instant donné.

Ainsi le diagramme de contexte n'est qu'une présentation synthétique du dialogue du système étudié avec les divers acteurs de son environnement externe.

La modélisation du contexte se fait comme suit :

   ➢ Le système étudié est représenté par un objet central entouré par d'autres objets symbolisant les différents acteurs.

➢ Des liens reliant le système à chacun des acteurs.

➢ Sur chaque lien sont montrés les messages en entré et sortie du système.

    i.   Diagramme de contexte dynamique : qui représente les différents messages échangés entre le système et les acteurs externes.

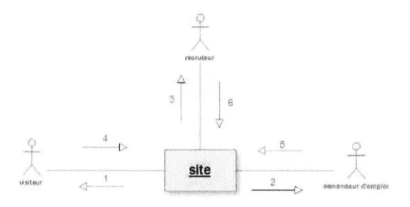

Figure.1.Diagramme de contexte dynamique

    ii.   Diagramme de contexte statique : qui représente le nombre d'occurrence accorder à chaque acteur (visiteurs, demandeurs d'emploi, recruteurs) communicant avec le système (le site).

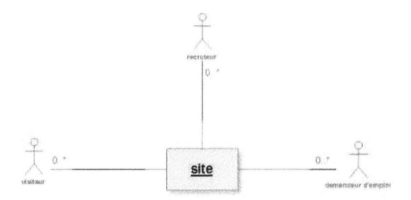

Figure.2.Diagramme de contexte statique

4-Identification des cas d'utilisation :

❖ Définition d'un cas d'utilisation :

Un cas d'utilisation (use case) représente un ensemble de séquences d'actions réalisées par le système et produisant un résultat observable intéressant pour un acteur particulier. Un cas d'utilisation est une quantité de travail qui remplie une fonction et qui une valeur pour l'acteur, en effet, un cas d'utilisation est une fonctionnalité du système fournissant un plus attendu, mesurable pour chaque utilisateurs potentiel du système .Il modélise un service rendu par le système et exprime les interactions Acteurs/Système et apporte une valeur ajouter notable à l'acteur concerné.

❖ **Liste préliminaire des cas d'utilisation :**

Cas d'utilisation	Acteur	Messages Emis/Reçus par l'acteur
Consulter les informations dans les diverses rubriques du site	visiteur	-Demande d'informations +Informations dans les différentes rubriques
Consulter les offres d'emploi	Demandeur d'emploi	-Demande offres d'emploi +afficher offres d'emploi
Consulter les dossiers des candidats	recruteurs	-Demande de dossiers des candidats +Afficher dossiers des candidats
S'inscrire	Demandeur d'emploi / recruteurs	-Demande d'inscription +Afficher formulaire d'inscription

Remarques :

Le signe (-) désigne les messages (flux) externes par rapport au système autrement dit les (flux) messages qui entre au système.
Le signe (+) désigne les messages (flux) internes par au système autrement dit les messages (flux) qui sort du système.

❖ **Diagramme de cas d'utilisation général :**

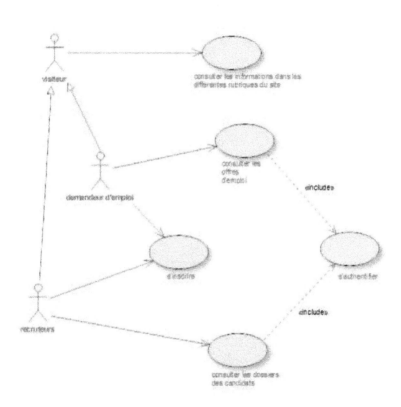

Figure.3.Diagramme de cas d'utilisation générale

Index	Désignation	Acteurs	Priorité
CU1	Consulter les offres d'emploi	Demandeur d'emploi	3
CU2	Consulter les dossiers des candidats	recruteurs	3
CU3	S'inscrire	Demandeur d'emploi/recruteur	1
CU4	Consulter les informations dans les diverses rubriques du site	Visiteur	4
CU5	S'authentifier	Demandeur d'emploi/recruteur	2

Commentaire

Les cas d'utilisations qui s'avèrent les plus prioritaires ont les priorités les plus fortes (1 et 2) puisqu'ils représentent les principales fonctionnalités du système et leurs développements donnent une vision globale sur l'ensemble de son fonctionnement.

Le cas de priorité faible et moyenne (3 et 4) vont être détaillés dans des phases ultérieures puisque leur réalisation dépendra de la réalisation des cas indiqués précédemment.

5-Raffinement des cas d'utilisation prioritaires :

Nous commençons par le raffinement des cas d'utilisations ayant la priorité « 1 » nommés « S'inscrire (pour le demandeur d'emploi et le recruteur) ».

Dans les paragraphes qui suivent nous allons présenter leurs diagrammes spécifiques.

5-1- Raffinement du cas d'utilisation « S'inscrire (demandeur d'emploi) » :

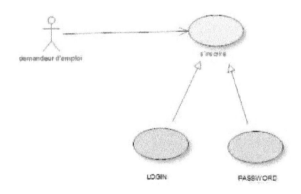

Figure.4.Diagramme de cas d'utilisation
« S'inscrire (demandeur d'emploi) »

❖ Description du cas d'utilisation «S'inscrire (demandeur d'emploi)» :

-Titre : s'inscrire

-Acteur : demandeur d'emploi

-Pré condition : le demandeur d'emploi doit avoir un diplôme

-Scénario Nominal :

1-le système demande au demandeur d'emploi de remplir un formulaire

2-saisie des informations dans le formulaire

3-vérification

4-Afficher une page contenant le nom d'utilisateur (LOGIN) et le mot de passe (PASSWORD) à utiliser pour le demandeur d'emploi

-Scénario Alternatif :

5-Message d'erreur si les informations sont incorrectes ou incomplètes

❖ *Diagramme de séquences du cas d'utilisation «S'inscrire (demandeur d'emploi) »*

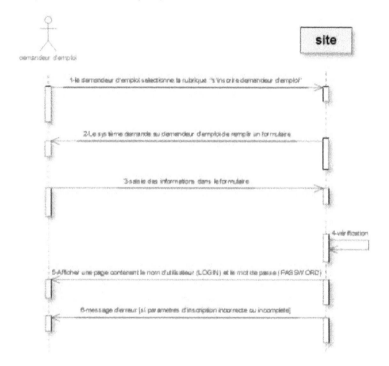

Figure.5.Diagramme de séquence

« S'inscrire (demandeur d'emploi)»

Commentaire :

Le diagramme de séquence système schématise l'ensemble des interactions entre l'acteur et le système lors de la réalisation de la fonctionnalité « s'inscrire (demandeur d'emploi) » avec succès.

5-2- Raffinement du cas d'utilisation« S'inscrire (recruteur) » :

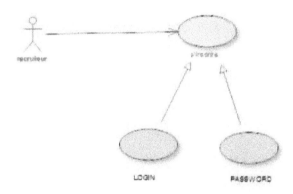

Figure.6.Diagramme de cas d'utilisation

« S'inscrire (recruteur) »

❖ Description du cas d'utilisation «s'inscrire (recruteur)» :

-Titre : s'inscrire

-Acteur : recruteur

-Pré condition : le recruteur a envie de recruter des employées

-Scénario Nominal :

      1-le système demande au recruteur de remplir un formulaire

2-saisie des informations dans le formulaire

3-vérification

4-Afficher une page contenant le nom d'utilisateur (LOGIN) et le mot de passe (PASSWORD) à utiliser pour le recruteur

-Scénario Alternatif :

5-Message d'erreur si les informations sont incorrectes ou incomplètes

❖ *Diagramme de séquences du cas d'utilisation «S'inscrire (recruteur) » :*

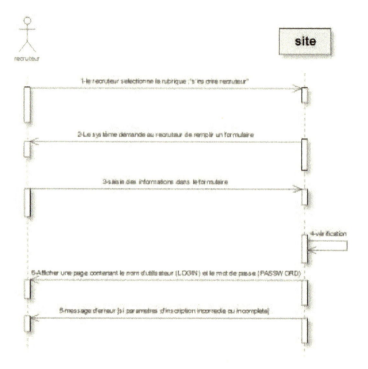

Figure.7.Diagramme de séquence

« S'inscrire (recruteur) »

Commentaire :

Le diagramme de séquence système schématise l'ensemble des interactions entre l'acteur et le système lors de la réalisation de la fonctionnalité « s'inscrire (recruteur) » avec succès.

5-3- Raffinement du cas d'utilisation « S'authentifier (demandeur d'emploi)» :

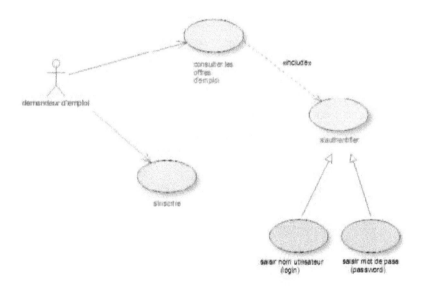

Figure.8.Diagramme de cas d'utilisation
« S'authentifier (demandeur d'emploi) »

❖ *Description du cas d'utilisation « S'authentifier » :*

-Titre : S'authentifier

-Acteur : demandeur d'emploi

-Pré conditions : le demandeur d'emploi doit avoir son LOGIN et PASSWORD

-Scénario Nominal :

      1-Le système demande au demandeur d'emploi de s'authentifier

      2-Saisie du LOGIN et PASSWORD

      3-Vérification

      4-Afficher une page contenant les offres d'emploi

-Scénario alternatif :

      5-Message d'erreur si les informations sont incorrectes

❖ *Diagramme de séquences du cas d'utilisation « S'authentifier (demandeur d'emploi) » :*

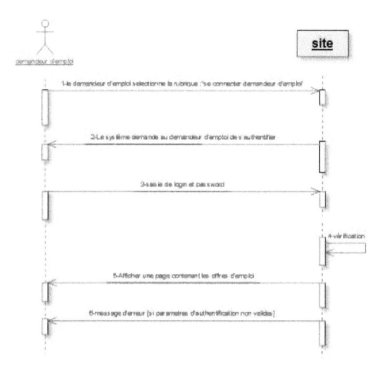

Figure.9.Diagramme de séquence

« S'authentifier (demandeur d'emploi) »

5-4- Raffinement du cas d'utilisation « S'authentifier (recruteur)» :

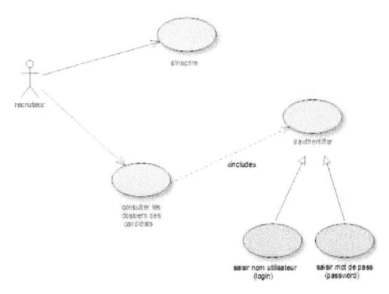

Figure.10.Diagramme de cas d'utilisation

« S'authentifier (recruteur) »

❖ Description du cas d'utilisation « S'authentifier » :

-Titre : S'authentifier

-Acteur : recruteur

-Pré condition : le recruteur doit avoir son LOGIN et son PASSWORD unique

-Scénario Nominal :

        1-Le système demande au recruteur de s'authentifier

        2-Saisie du LOGIN et PASSWORD

        3-Vérification

        4-Afficher une page contenant les dossiers des candidats intéressés

-Scénario Alternatif :

        5-Message d'erreur si les informations sont incorrectes

❖ **Diagramme de séquences du cas d'utilisation « S'authentifier (recruteur)» :**

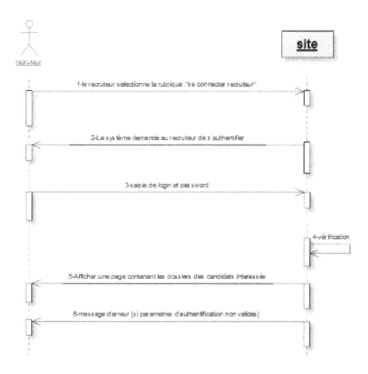

Figure.11.Diagramme de séquence
« S'authentifier (recruteur) »

Commentaire :

Le diagramme de séquence système schématise l'ensemble des interactions
entre l'acteur et le système lors de la réalisation de la fonctionnalité
« S'authentifier (recruteur)» avec succès.

II. Analyse

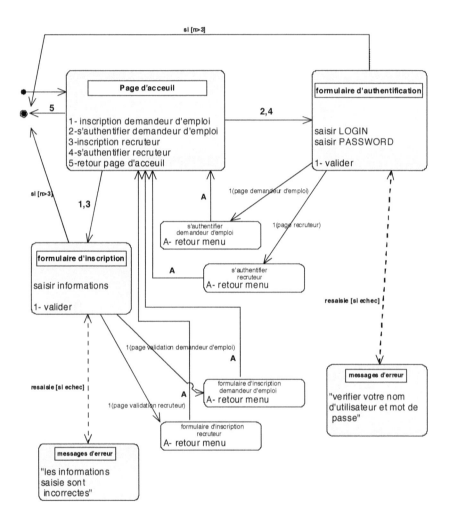

Figure.12.prototype de l'interface

III. Conclusion :

Dans la phase d'incubation, nous avons achevé la première ébauche de l'étude du système qui s'enrichi ultérieurement dans la phase d'élaboration.

Nous avons identifiés les principaux besoins des utilisateurs et trouver la plus part des cas d'utilisations

Chapitre 2 : Phase d'élaboration

Introduction :

L'élaboration reprend les éléments de la phase d'incubation et les précise pour arriver à une spécification détaillée de la solution à mettre en œuvre.

L'élaboration permet de préciser la plupart des cas d'utilisation, de concevoir l'architecture du système et surtout de déterminer l'architecture de référence.

Durant la phase élaboration, nous avons eu recours à une itération spécifiant en détail la plupart des cas d'utilisation et stabilisant l'architecture du système.

La spécification détaillée, est modélisée par l'analyse de la réalisation des scénarios des cas d'utilisations en termes d'objet d'analyse et leurs collaborations.

I. Analyse des cas d'utilisations « S'inscrire (demandeur d'emploi+recruteur) » :

> *Diagramme de classe du modèle d'analyse pour le cas d'utilisation « inscription (demandeur d'emploi+recruteur) » :*

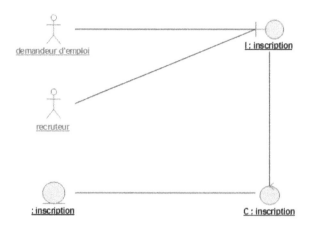

Figure.1.Diagramme de classe du modèle d'analyse
« S'inscrire (demandeur d'emploi+recruteur) »

> ➤ **Traçabilité entre le modèle de cas d'utilisation et le modèle
>   d'analyse pour le cas d'utilisation « inscription
>   (demandeur d'emploi) » :**

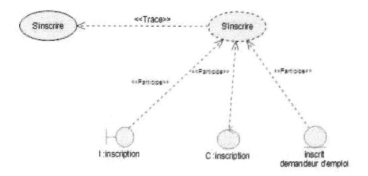

Figure.2.Traçabilité entre le modèle de cas d'utilisation et le modèle d'analyse
« Inscription (demandeur d'emploi) »

> ➢ **Diagramme de collaboration du cas d'utilisation « s'inscrire (demandeur d'emploi) » :**

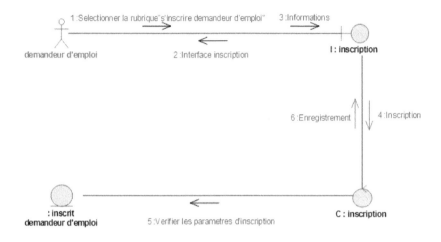

Figure.3.Diagramme de collaboration du cas d'utilisation

« S'inscrire (demandeur d'emploi) »

1 : Sélectionner la rubrique « s'inscrire demandeur d'emploi »

2 : Interface inscription

3 : informations

4 : inscription

5 : Vérifier les paramètres d'inscription

6 : enregistrement

➢ **Traçabilité entre le modèle de cas d'utilisation et le modèle d'analyse pour le cas d'utilisation « inscription (recruteur) » :**

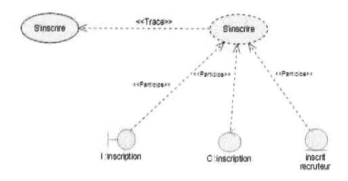

Figure.4.Traçabilité entre le modèle de cas d'utilisation et le modèle d'analyse

« Inscription (recruteur) »

➢ **Diagramme de collaboration du cas d'utilisation « S'inscrire (recruteur) » :**

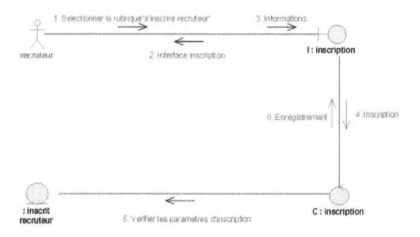

Figure.5.Diagramme de collaboration du cas d'utilisation

« S'inscrire (recruteur) »

1 : Sélectionner la rubrique « s'inscrire recruteur »

2 : Interface inscription

3 : informations

4 : inscription

5 : Vérifier les paramètres d'inscription

6 : enregistrement

II. Analyse des cas d'utilisations « S'authentifier (demandeur d'emploi+recruteur) » :

> ➢ Diagramme de classe du modèle d'analyse pour le cas d'utilisation « Authentification (demandeur d'emploi+recruteur) » :

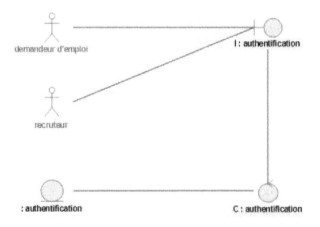

Figure.6.Diagramme de classe du modèle d'analyse
« S'authentifier (demandeur d'emploi+recruteur) »

➢ **Traçabilité entre le modèle de cas d'utilisation et le modèle d'analyse pour le cas d'utilisation « Authentification (demandeur d'emploi) » :**

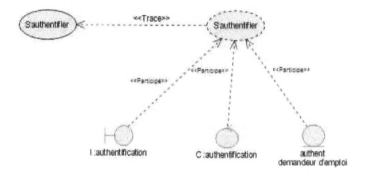

Figure.7.Traçabilité entre le modèle de cas d'utilisation et le modèle d'analyse « Authentification (demandeur d'emploi) »

➢ **Diagramme de collaboration du cas d'utilisation « S'authentifier (demandeur d'emploi) » :**

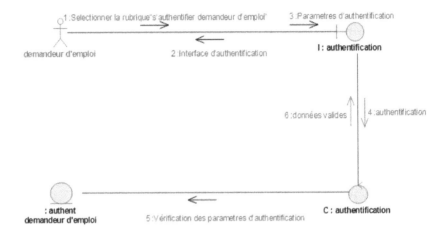

Figure.8.Diagramme de collaboration du cas d'utilisation
« S'authentifier (demandeur d'emploi) »

1 : Sélectionner la rubrique « s'authentifier demandeur d'emploi »

2 : Interface d'authentification

3 : Paramètres d'authentification

4 : Authentification

5 : Vérifier les paramètres d'authentification

6 : Données valides

> ### Traçabilité entre le modèle de cas d'utilisation et le modèle d'analyse pour le cas d'utilisation « Authentification (recruteur) » :

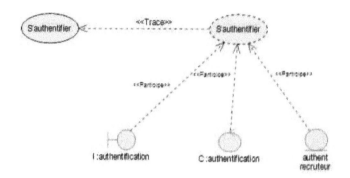

Figure.9.Traçabilité entre le modèle de cas d'utilisation et le modèle d'analyse
« Authentification (recruteur) »

> ## Diagramme de collaboration du cas d'utilisation « S'authentifier (recruteur)» :

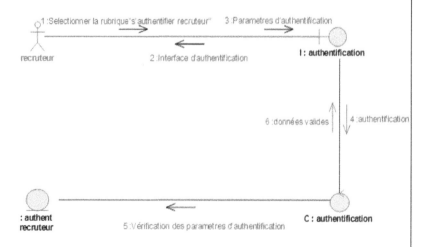

Figure.10.Diagramme de collaboration du cas d'utilisation « S'authentifier (recruteur) »

1 : Sélectionner la rubrique « s'authentifier recruteur »

2 : Interface d'authentification

3 : Paramètres d'authentification

4 : Authentification

5 : Vérifier les paramètres d'authentification

6 : Données valides

III. Conception des cas d'utilisation prioritaires :

L'activité de conception est une description logique de la façon dont le système va fonctionner, elle est centrée essentiellement sur la définition des objets logiciels et sur la manière dont ils collaborent pour satisfaire les besoins fonctionnels et non fonctionnels. Elle constitue une entrée majeure pour les activités : implémentation en test.

Lors de cette activité, nous abordons les modèles de conception du cas d'utilisation prioritaire « s'inscrire (demandeur d'emploi) », « s'inscrire (recruteur) », « s'authentifier (demandeur d'emploi) »et« s'authentifier (recruteur) »

- **Les diagrammes de séquences du cas d'utilisation :**

Les diagrammes de séquences décrivent l'interaction entre les objets logiciels en représentant leurs échanges de messages. Ces messages sont classés par ordre chronologique durant l'exécution du système et représentent soit des événements détectés par la classe destination, soit des appels de méthodes de cette même classe

❖ *le modèle de conception du cas d'utilisation prioritaire « s'inscrire (demandeur d'emploi) » :*

➢ **Diagramme de séquences du cas**
d'utilisation « s'inscrire (demandeur d'emploi) » :

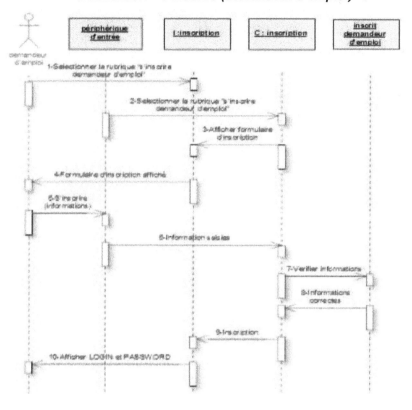

Figure.11. diagramme de séquences « s'inscrire (demandeur d'emploi) »

1+2 : sélectionner la rubrique « s'inscrire demandeur d'emploi »

3 : Afficher formulaire d'inscription

4 : Formulaire d'inscription affiché

5 : S'inscrire (informations)

6 : Informations saisies

7 : Vérifier informations

8 : Information correctes

9 : Inscription

10 : Afficher LOGIN et PASSWORD

❖ **le modèle de conception du cas d'utilisation prioritaire**
   « s'inscrire (recruteur) » :

➤ **Diagramme de séquences du cas**
   d'utilisation « s'inscrire (recruteur) » :

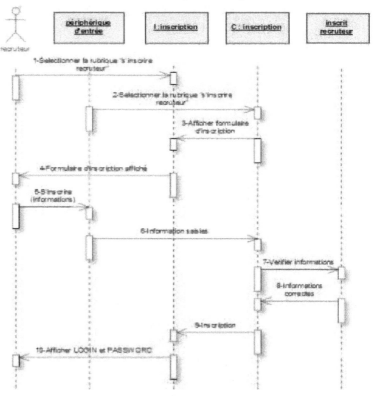

Figure.12. diagramme de séquences « s'inscrire (recruteur) »

1+2 : sélectionner la rubrique « s'inscrire recruteur »

3 : Afficher formulaire d'inscription

4 : Formulaire d'inscription affiché

5 : S'inscrire (informations)

6 : Informations saisies

7 : Vérifier informations

8 : Information correctes

9 : Inscription

10 : Afficher LOGIN et PASSWORD

❖ **le modèle de conception du cas d'utilisation prioritaire « s'authentifier (demandeur d'emploi) » :**

➢ **Diagramme de séquences du cas d'utilisation « s'authentifier (demandeur d'emploi) » :**

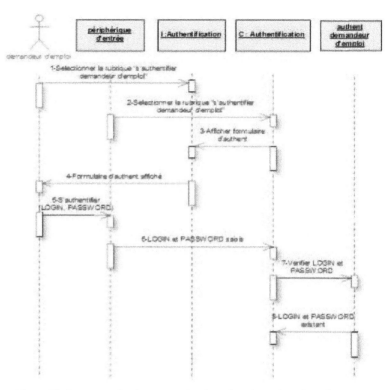

Figure.13. diagramme de séquences « s'authentifier (demandeur d'emploi) »

1+2 : sélectionner la rubrique « s'authentifier demandeur d'emploi »

3 : Afficher formulaire d'authent

4 : Formulaire d'authent affiché

5 : S'authentifier (LOGIN, PASSWORD)

6 : LOGIN et PASSWORD saisis

7 : Vérifier LOGIN et PASSWORD

8 : LOGIN et PASSWORD existant

❖ le modèle de conception du cas d'utilisation prioritaire « s'authentifier (recruteur) » :

> #### ➤ Diagramme de séquences du cas d'utilisation « s'authentifier (recruteur) » :

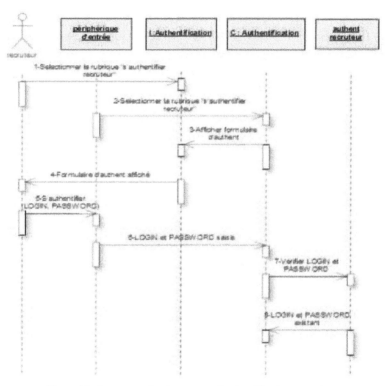

Figure.14. diagramme de séquences « s'authentifier (recruteur) »

1+2 : sélectionner la rubrique « s'authentifier recruteur »

3 : Afficher formulaire d'authent

4 : Formulaire d'authent affiché

5 : S'authentifier (LOGIN, PASSWORD)

6 : LOGIN et PASSWORD saisis

7 : Vérifier LOGIN et PASSWORD

8 : LOGIN et PASSWORD existant

IV. Itération : Modélisation des cas d'utilisation secondaire « consulter les offres d'emploi », «consulter les dossiers des candidats » et « consulter les informations dans les divers rubriques » :

I. Capture des besoins :

- **Raffinement des cas d'utilisation secondaires :**

Nous modélisons dans cette itération les cas d'utilisation ayant la priorité « 3 » et « 4 » nommées « consulter les offres d'emploi », « consulter les dossiers des candidats » et « consulter les informations dans les diverses rubriques ».

> ➢ **Raffinement du cas d'utilisation secondaire « consulter les offres d'emploi » :**

Figure.15. diagramme de cas d'utilisation « Consulter les offres d'emploi »

❖ Description du cas d'utilisation « consulter les offres d'emploi » :

-Titre : Consulter les offres d'emploi

-Acteur : demandeur d'emploi

-Pré condition : le demandeur d'emploi doit avoir son LOGIN et son PASSWORD

-Scénario Nominal :

       1-Sélectionner la rubrique 'offres d'emploi'

       2-Demande d'authentification

       3-S'authentifier

       4-Vérification des paramètres d'authentification

       5-Afficher une page contenant les offres d'emploi

-Scénario Alternatif :

       6-Message d'erreur si les informations sont incorrectes

➢ Diagramme de séquence « consulter les offres d'emploi» :

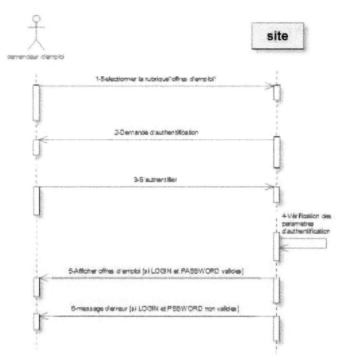

Figure.16. diagramme de séquences des cas d'utilisation
« Consulter les offres d'emploi »

- **Raffinement du cas d'utilisation secondaire « consulter les dossier des candidats » :**

Figure.17. diagramme de cas d'utilisation

« Consulter les dossiers des candidats »

❖ Description du cas d'utilisation « consulter les dossiers des candidats » :

-Titre : Consulter les dossiers des candidats

-Acteur : recruteur

-Pré condition : le recruteur doit avoir son LOGIN et son PASSWORD

-Scénario Nominal :

> 1-Sélectionner la rubrique 'dossiers des candidats'
>
> 2-Demande d'authentification
>
> 3-S'authentifier
>
> 4-Vérification des paramètres d'authentification
>
> 5-Afficher une page contenant les dossiers des candidats

-Scénario Alternatif :

> 6-Message d'erreur si les informations sont incorrectes

> ➢ **Diagramme de séquence « consulter les dossiers des candidats» :**

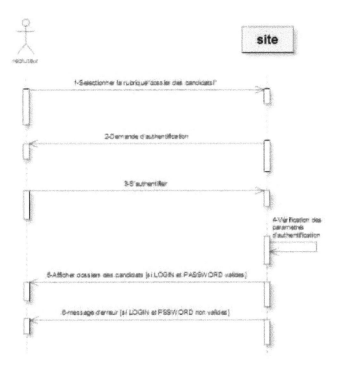

Figure.18. diagramme de séquences des cas d'utilisation
« Consulter les dossiers des candidats »

- **Raffinement du cas d'utilisation secondaire « consulter les informations dans les diverses rubriques » :**

Figure.19. diagramme de cas d'utilisation

« Consulter les informations dans les diverses rubriques »

❖ Description du cas d'utilisation « consulter les informations dans les diverses rubriques » :

-Titre : Consulter les informations dans les diverses rubriques

-Acteur : visiteur

-Pré condition : chaque visiteur doit être connecté a internet pour consulter le site et découvrir les informations dans les diverses rubriques

-Scénario Nominal :

      1-Sélectionner la rubrique à consulter

      2-chargement de la page consultée

      3-page affichée

-Scénario Alternatif :

      Néant

➤ Diagramme de séquence « consulter les informations dans les diverses rubriques» :

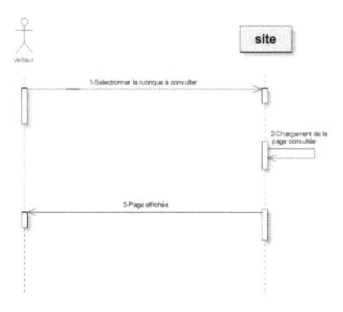

Figure.20. diagramme de séquences des cas d'utilisation
« Consulter les informations dans les diverses rubriques »

V. Analyse des cas d'utilisation secondaires

➢ Traçabilité entre le modèle de cas d'utilisation et le modèle d'analyse (cas d'utilisation « consulter les offres d'emploi »):

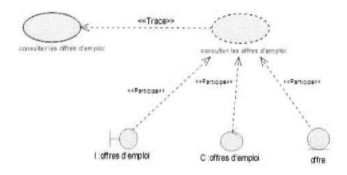

Figure.21. Traçabilité entre le modèle de cas d'utilisation et le modèle
d'analyse « consulter les offres d'emploi »

➢ **Diagramme de collaboration du cas d'utilisation « consulter**
les offres
d'emploi » :

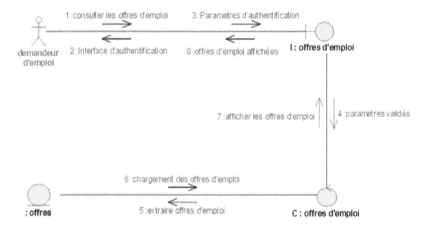

Figure.22.Diagramme de collaboration
«Consulter les offres d'emploi »

1 : Consulter les offres d'emploi

2 : Interface d'authentification

3 : Paramètres d'authentification

4 : paramètres validés

5 : Extraire offres d'emploi

6 : Chargement des offres d'emploi

7 : Afficher les offres d'emploi

8 : Offres d'emploi affichées

➢ **Traçabilité entre le modèle de cas d'utilisation et le modèle d'analyse (cas d'utilisation « consulter les dossiers des candidats »):**

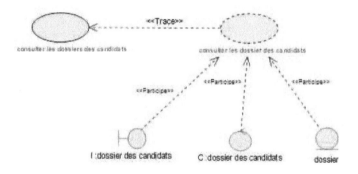

Figure.23.Traçabilité entre le modèle de cas d'utilisation et le modèle d'analyse
« Consulter les dossiers des candidats»

➢ **Diagramme de collaboration du cas d'utilisation « consulter les dossiers des candidats » :**

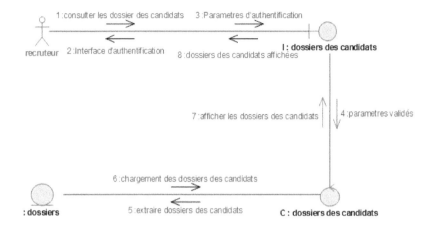

Figure.24.Diagramme de collaboration

« Consulter les dossiers des candidats »

1 : Consulter les dossiers des candidats

2 : Interface d'authentification

3 : Paramètres d'authentification

4 : paramètres validés

5 : Extraire dossiers des candidats

6 : Chargement des dossiers des candidats

7 : Afficher les dossiers des candidats

8 : dossiers des candidats affichés

➢ **Traçabilité entre le modèle de cas d'utilisation et le modèle d'analyse (cas d'utilisation « consulter les informations dans les diverses rubriques »):**

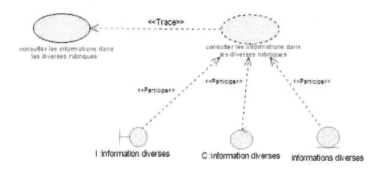

Figure.25.Traçabilité entre le modèle de cas d'utilisation et le modèle d'analyse
« Consulter les informations dans les diverses rubriques»

➢ **Diagramme de collaboration du cas d'utilisation « consulter les informations dans les diverses rubriques » :**

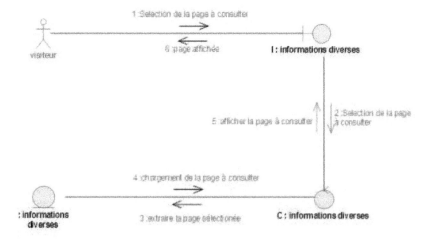

Figure.26.Diagramme de collaboration
« Consulter les informations dans les diverses rubriques »

1+2 : Sélection de la page à consulter
3 : Extraire la page consultée
4 : La page consultée (sélectionnée)
5 : Chargement de la page sélectionnée
6 : Affichage de la page sélectionnée

VI. Conclusion :

A la fin de cette phase, les cas d'utilisations prioritaire ont été analysés et conçus, et une architecture stable est atteinte.

La conception des cas d'utilisation secondaires ainsi que l'implémentation de la totalité des cas d'utilisations en un produit logiciel seront complétés durant la phase de construction.

Chapitre 3 :
Phase
Construction

Introduction :

La phase d'incubation et celle d'élaboration peuvent être comparées à des activités de recherche, l'effort dans la phase de construction est centré sur le développement d'un produit logiciel complet, prêt à être exploiter par les utilisateurs.

Durant cette phase nous présentons une itération dans laquelle nous nous approfondissons dans le développement du système, en effet, nous terminons la conception des cas d'utilisation secondaires et effectuons l'implémentation de tous les cas d'utilisation.

I. Première itération : conception des cas d'utilisations secondaires :

Dans cette itération, nous nous intéressons à la conception des cas d'utilisation secondaires « consulter les offres d'emploi », « consulter les dossiers des candidats » et « consulter les informations dans les diverses rubriques »ainsi que la description détaillée des classes entités, participant avec le système, à travers un diagramme complet classe entités.

1. Le modèle de conception du cas d'utilisation « consulter les offres d'emploi » :

➢ Diagramme de séquences du cas d'utilisation « consulter les offres d'emploi » :

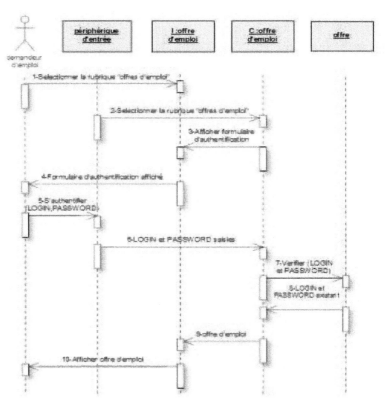

Figure.1.Diagramme de classe séquences

« Consulter les offres d'emploi »

1+2 : sélectionner la rubrique « offres d'emploi »

3 : Afficher formulaire d'authentification demandeur d'emploi

4 : Formulaire d'authentification affiché

5 : S'authentifier (LOGIN, PASSWORD)

6 : LOGIN et PASSWORD saisies

7 : Vérifier LOGIN et PASSWORD

8 : LOGIN et PASSWORD existant

9 : offre d'emploi

10 : Afficher offres d'emploi

2. Le modèle de conception du cas d'utilisation « consulter les dossiers des candidats » :

> Diagramme de séquences du cas d'utilisation « consulter les dossiers des candidats » :

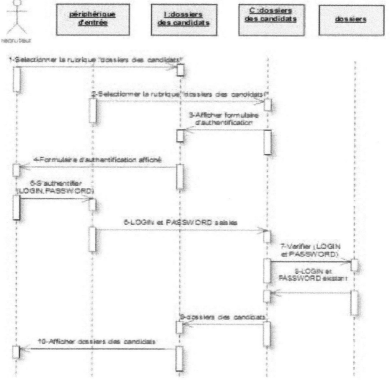

Figure.2.Diagramme de classe séquences

« Consulter les dossiers des candidats »

1+2 : Sélectionner la rubrique « dossiers des candidats »

3 : Afficher formulaire d'authentification recruteur

4 : Formulaire d'authentification affiché

5 : S'authentifier (LOGIN, PASSWORD)

6 : LOGIN et PASSWORD saisies

7 : Vérifier LOGIN et PASSWORD

8 : LOGIN et PASSWORD existant

9 : Dossiers des candidats

10 : Afficher dossiers des candidats

3. Le modèle de conception du cas d'utilisation « consulter les informations dans les diverses rubriques » :

> Diagramme de séquences du cas d'utilisation « consulter les informations dans les diverses rubriques » :

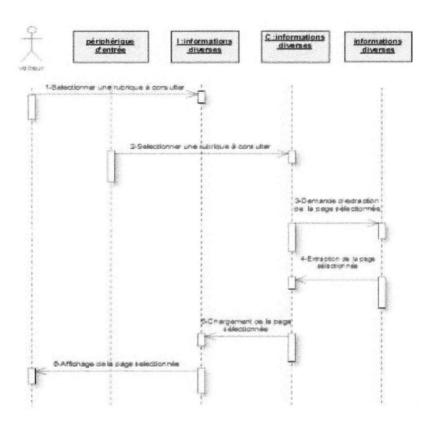

Figure.3.Diagramme de classe séquences
« Consulter les informations dans les diverses rubriques »

1+2 : Sélectionner une rubrique à consulter

3 : Demande d'extraction de la page sélectionnée

4 : Extraction de la page sélectionnée

5 : Chargement de la page sélectionnée

6 : Affichage de la page sélectionnée

II. **Diagramme des classes**

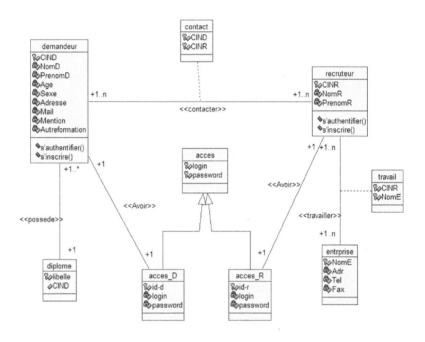

Figure.4.Diagramme de classe

III. Le modèle de déploiement

Le modèle de déploiement indique la disposition physique des différents
matériels qui entrent dans la composition d'un système, ainsi que la disposition
des programmes exécutables sur ces matériels.

Le diagramme de déploiement contient les éléments suivants :

- Les nœuds : Ce sont des objets physiques nécessaires pour réaliser un
  traitement.
- Les connexions : Ce sont des relations de communications qui relient les
  nœuds.

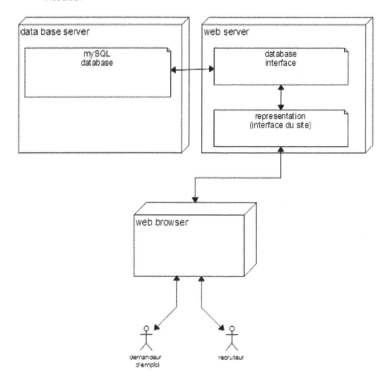

Figure.5.Diagramme de déploiement

IV. **Plan du site**

-Rubrique Accueil
-Rubrique Présentation du site
-Rubrique Présentation de la FSJEGJ
-Rubrique Inscription

    Demandeur d'emploi
    Recruteur

-Rubrique s'authentifier

    Demandeur d'emploi
    Recruteur

-Rubrique Aides sur les C.V

    Présentation générale des C.V
    Comment faire un C.V
    Les dix erreurs à éviter
    Modèles de C.V

        Original
        Légèrement original
        Cadré
        Stylé

-Rubrique Plan du site

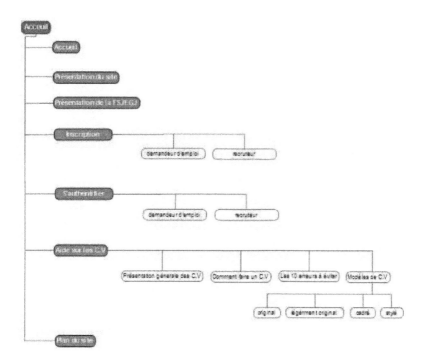

Figure.6.Plan du site

V. Présentation des interfaces

La première interface, page d'accueil, est une interface générale permettant à chaque visiteur d'accéder à notre site. Chaque visiteur sélectionne un choix parmi les rubriques et fonctionnalités du site.

Nous vous présentons quelques interfaces du système qu'on a réalisé :

Figure.7.Page d'accueil

Cette interface apparaît sur l'écran permettant aux visiteurs l'accès aux différentes fonctionnalités du système qui lui sont attachées à savoir :

- Accueil

- Présentation du site

- Présentation de la FSJEGJ

- Inscription

- S'authentifier

- Aide sur les C.V

- Plan du site

Le visiteur effectue son choix par simple click sur les rubriques.

Figure.8.Page Présentation du site

Cette interface est visualisée lorsque le choix du visiteur, a porté sur l'opération
« Présentation du site ».

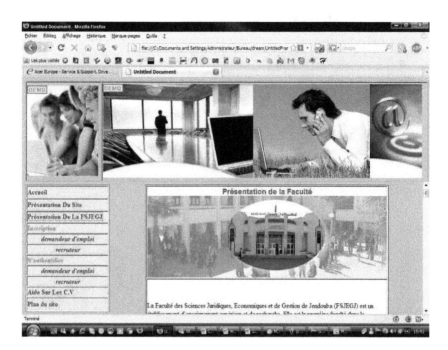

Figure.9.Page Présentation de la FSJEGJ

Cette interface est visualisée lorsque le choix du visiteur, a porté sur l'opération « Présentation de la FSJEGJ ».

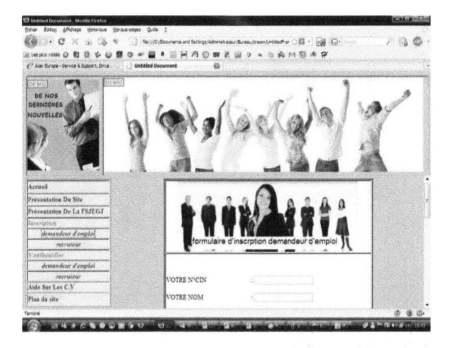

Figure .10.Page Inscription demandeur d'emploi

Cette interface est visualisée lorsque le choix du visiteur, a porté sur l'opération «inscription» qui représente la réalisation du cas d'utilisation « inscription demandeur d'emploi ».

Figure.11.Page Inscription recruteur

Cette interface est visualisée lorsque le choix du visiteur, a porté sur l'opération «inscription» qui représente la réalisation du cas d'utilisation « inscription recruteur».

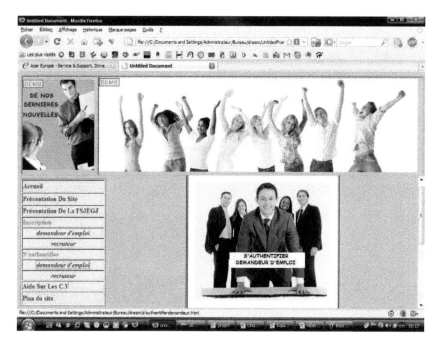

Figure.12.Page authentification demandeur d'emploi

Cette interface est affichée une fois le demandeur d'emploi a fait l'inscription dans la page précédente (page inscription demandeur d'emploi) après avoir sélectionné le sous menu « S'authentifier demandeur d'emploi» qui représente la réalisation du cas d'utilisation « Consulter les offres d'emploi».

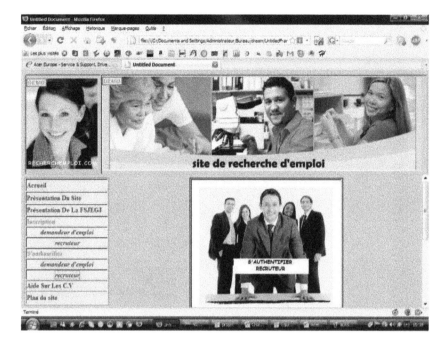

Figure.13.Page authentification recruteur

Cette interface est affichée une fois le recruteur a fait l'inscription dans la page précédente (page inscription recruteur) après avoir sélectionné le sous menu « S'authentifier recruteur » qui représente la réalisation du cas d'utilisation « Consulter les dossiers des candidats».

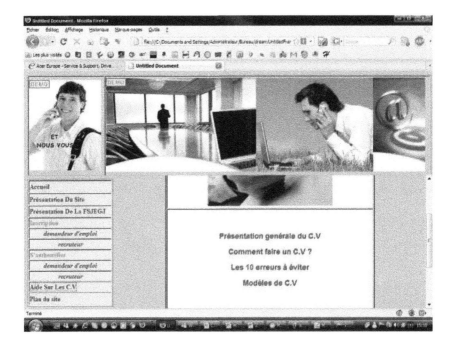

Figure.14.Page aide sur les C.V

Cette interface représente la réalisation du cas d'utilisation « Consulter les informations dans les diverses rubriques du site».

Elle apparaît sur l'écran permettant aux visiteurs l'accès aux différentes informations.

Le visiteur effectue son choix par simple click sur les rubriques.

VI. Conclusion :

A la fin de cette phase le modèle de conception et le modèle de déploiement sont entièrement complétés.

Le développement est ainsi achevé et un produit logiciel exécutable est livré, tenant compte qu'il sera testé au cours de la phase suivante à savoir de la transition.

Chapitre 4 : Phase Transition

Introduction :

La phase de transition est la phase de déploiement du produit finale dans l'environnement des utilisateurs. Cette installation est accompagnée d'une activité de test pour corriger les anomalies liées à l'environnement réel des utilisateurs et donner les recommandations nécessaires d'utilisation pour la mise à jour de l'environnement de développement.

I. Test de l'application

A ce niveau nous présentons l'ensemble des tests effectués pour évaluer notre application afin de nous assurer que les contrôles de saisies sont tous en marche et que les anomalies liées à l'environnement des utilisateurs sont corrigées.

- *La procédure de test :*
  - ✓ Lancer l'environnement EasyPHP ;
  - ✓ Démarrer MySQL et Apache ;
  - ✓ La connexion avec le serveur est établie ;
  - ✓ Lancer l'application sur le serveur local (local host) ;
  - ✓ Accéder au répertoire de notre application
  - ✓ Vérifier toutes les fonctionnalités de l'application
  - ✓ Vérifier le processus d'inscription des demandeurs d'emploi et des recruteurs ;
  - ✓ Vérifier le déroulement du processus d'authentification ;
  - ✓ Les contrôles de saisie sont tous vérifiés au maximum.

- *La procédure de resultat :*
  - ✓ Le chargement de l'application est réussi ;
  - ✓ La sécurité est fiable

✓ Aucun message de débogage ;
✓ Les besoins attendus sont satisfaits ;
✓ Le produit est réussi.

II. **Conclusion**

A la fin de cette phase le développement est terminé : testé et corrigé.

Nous avons obtenus un produit final conforme aux besoins des utilisateurs.

Annexes

Schéma de la base de données

- **Table : Demandeur**

Champs	Type	Description
CIND(Clé primaire)	Int(8)	N° CIN du demandeur d'emploi
NomD	Varchar(20)	
PrénomD	Varchar(20)	
Age	Int(8)	
Sexe	Varchar(6)	
Adresse	Varchar(400)	
Mail	Varchar(100)	
Mention	Varchar(50)	
Autreformation	Varchar(400)	

- **Table : Diplome**

Champs	Type	Description
Libelle (Clé primaire)	Varchar(40)	Libellé du diplome
CIND (Clé Etrangère)	Int(8)	N° CIN du demandeur d'emploi

- **Table : Recruteur**

Champs	Type	Description
CINR (Clé primaire)	Int(8)	N° CIN du recruteur
NomR	Varchar(20)	
PrénomR	Varchar(20)	

- **Table : Entreprise**

Champs	Type	Description
NomE (Clé primaire)	Varchar(40)	Nom de l'entreprise
adr	Varchar(100)	Adresse de l'entreprise
tel	Int(13)	N° téléphone de l'entreprise

fax	Int(13)	N° fax de l'entreprise

- **Table : Travail**

Champs	Type	Description
CINR (Clé Etrangère)	Int(8)	N° CIN du recruteur
NomE (Clé Etrangère)	Varchar(40)	Nom de l'entreprise

- **Table : Acces_D**

Champs	Type	Description
id_D (Clé primaire)	Int(1000)	
login	Varchar(10)	Nom d'utilisateur
password	Varchar(8)	Mot de passe

- **Table : Acces_R**

Champs	Type	Description
id_R (Clé primaire)	Int(1000)	
login	Varchar(10)	Nom d'utilisateur
password	Varchar(8)	Mot de passe

- **Table : Contact**

Champs	Type	Description
CIND (Clé Etrangère)	int	N° CIN du demandeur demlpoi
CINR (Clé Etrangère)	varchar	N° CIN du recruteur

Annexe 2

Le Processus Unifié

1- Définition :

Le processus unifié est un processus de développement logiciel itératif, centré sur l'architecture, piloté par des cas d'utilisation et orienté vers la diminution des risques.
C'est un patron de processus pouvant être adaptée à une large classe de systèmes logiciels, à différents domaines d'application, à différents types d'entreprises, à différents niveaux de compétences et à différentes tailles de l'entreprise.

1.1- UP est itératif :

L'itération est une répétition d'une séquence d'instructions ou d'une partie de programme un nombre de fois fixé à l'avance ou tant qu'une condition définie n'est pas remplie, dans le but de reprendre un traitement sur des données différentes.
Elle qualifie un traitement ou une procédure qui exécute un groupe d'opérations de façon répétitive jusqu'à ce qu'une condition bien définie soit remplie.

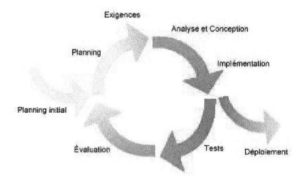

Une itération prend en compte un certain nombre de cas d'utilisation et traite en priorité les risques majeurs.

1.2- UP est centré sur l'architecture :

Ph.Kruchten propose différentes perspectives, indépendantes et complémentaires, qui permettent de définir un modèle d'architecture (publication IEEE, 1995).

1.3- UP est piloté par les cas d'utilisation d'UML :

Le but principal d'un système informatique est de satisfaire les besoins du client.
Le processus de développement sera donc accès sur l'utilisateur.
Les cas d'utilisation permettent d'illustrer ces besoins.
Ils détectent puis décrivent les besoins fonctionnels (du point de vue de l'utilisateur), et leur ensemble constitue le modèle de cas d'utilisation qui dicte les fonctionnalités complètes du système.

2- Vie du processus unifié :
L'objectif d'un processus unifié est de maîtriser la complexité des projets informatiques en diminuant les risques.
UP est un ensemble de principes génériques adapté en fonctions des spécificités des projets. UP répond aux préoccupations suivantes :
- QUI participe au projet ?
- QUOI, qu'est-ce qui est produit durant le projet ?
- COMMENT doit-il être réalisé ?
- QUAND est réalisé chaque livrable ?

2.1- L'architecture bidirectionnelle :
UP gère le processus de développement par deux axes.
L'axe vertical représente les principaux enchaînements d'activités, qui regroupent les activités selon leur nature. Cette dimension rend compte l'aspect statique du processus qui s'exprime en termes de composants, de processus, d'activités, d'enchaînements, d'artefacts et de travailleurs.
L'axe horizontal représente le temps et montre le déroulement du cycle de vie du processus; cette dimension rend compte de l'aspect dynamique du processus qui s'exprime en terme de cycles, de phases, d'itérations et de jalons.

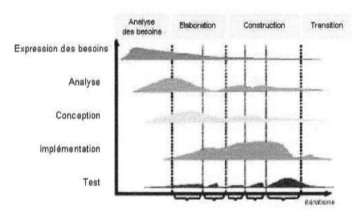

UP répète un certain nombre de fois une série de cycle qui s'articule autours de 4 phases
- analyse des besoins
- élaboration
- construction
- transition

Pour mener efficacement un tel cycle, les développeurs ont besoins de toutes les représentations du produit logiciel
- un modèle de cas d'utilisation
- un modèle d'analyse : détailler les cas d'utilisation et procéder à une première répartition du comportement
- un modèle de conception : finissant la structure statique du système sous forme de sous-systèmes, de classes et interfaces.
- un modèle d'implémentation : intégrant les composants
- un modèle de déploiement : définissant les noeuds physiques des ordinateurs
- un modèle de test : décrivant les cas de test vérifiant les cas d'utilisation
- une représentation de l'architecture

3- Les activités :

3.1- Expression des besoins :

L'expression des besoins comme son nom l'indique, permet de définir les différents besoins :
- inventorier les besoins principaux et fournir une liste de leurs fonctions
- recenser les besoins fonctionnels (du point de vue de l'utilisateur) qui conduisent à l'élaboration des modèles de cas d'utilisation
- appréhender les besoins non fonctionnels (technique) et livrer une liste des exigences.

Le modèle de cas d'utilisation présente le système du point de vue de l'utilisateur et représente sous forme de cas d'utilisation et d'acteur, les besoins du client.

3.2- Analyse :

L'objectif de l'analyse est d'accéder à une compréhension des besoins et des exigences du client. Il s'agit de livrer des spécifications pour permettre de choisir la conception de la solution.

Un modèle d'analyse livre une spécification complète des besoins issus des cas d'utilisation et les structures sous une forme qui facilite la compréhension (scénarios), la préparation (définition de l'architecture), la modification et la maintenance du futur système.

Il s'écrit dans le langage des développeurs et peut être considéré comme une première ébauche du modèle de conception.

3.3- Conception :

La conception permet d'acquérir une compréhension approfondie des contraintes liées au langage de programmation, à l'utilisation des composants et au système d'exploitation.
Elle détermine les principales interfaces et les transcrit à l'aide d'une notation commune.
Elle constitue un point de départ à l'implémentation :
- elle décompose le travail d'implémentation en sous-système
- elle créée une abstraction transparente de l'implémentation

3.4- Implémentation :

L'implémentation est le résultat de la conception pour implémenter le système sous formes de composants, c'est-à-dire, de code source, de scripts, de binaires, d'exécutables et d'autres éléments du même type.
Les objectifs principaux de l'implémentation sont de planifier les intégrations des composants pour chaque itération, et de produire les classes et les sous-systèmes sous formes de codes sources.

3.5-Test :

Les tests permettent de vérifier des résultats de l'implémentation en testant la construction.
Pour mener à bien ces tests, il faut les planifier pour chaque itération, les implémenter en créant des cas de tests, effectuer ces tests et prendre en compte le résultat de chacun.

4- Les phases :

4.1- Analyse des besoins :

L'analyse des besoins donne une vue du projet sous forme de produit fini.
Cette phase porte essentiellement sur les besoins principaux (du point de vue de l'utilisateur), l'architecture générale du système, les risques majeurs, les délais et les coûts
On met en place le projet.
Elle répond aux questions suivantes :
- que va faire le système ? par rapport aux utilisateurs principaux, quels services va-t-il rendre?
- quelle va être l'architecture générale (cible) de ce système
- quels vont être : les délais, les coûts, les ressources, les moyens à déployer?

4.2 –Elaboration :

L'élaboration reprend les éléments de la phase d'analyse des besoins et les précise pour arriver à une spécification détaillée de la solution à mettre en oeuvre.
L'élaboration permet de préciser la plupart des cas d'utilisation, de concevoir l'architecture du système et surtout de déterminer l'architecture de référence.
Au terme de cette phase, les chefs de projet doivent être en mesure de prévoir les activités et d'estimer les ressources nécessaires à l'achèvement du projet.
Les taches à effectuer dans la phase élaboration sont les suivantes :
- créer une architecture de référence
- identifier les risques, ceux qui sont de nature à bouleverser le plan, le coût et le calendrier
- définir les niveaux de qualité à atteindre
- formuler les cas d'utilisation pour couvrir les besoins fonctionnels et planifier la phase de construction
- élaborer une offre abordant les questions de calendrier, de personnel et de budget

4.3- Construction :

La construction est le moment où l'on construit le produit. L'architecture de référence se métamorphose en produit complet.
Le produit contient tous les cas d'utilisation que les chefs de projet, en accord avec les utilisateurs ont décidé de mettre au point pour cette version.

4.4 –Transition :
Le produit est en version bêta. Un groupe d'utilisateurs essaye le produit et détecte les anomalies et défauts.
Cette phase suppose des activités comme la formation des utilisateurs clients, la mise en œuvre d'un service d'assistance et la correction des anomalies constatées.

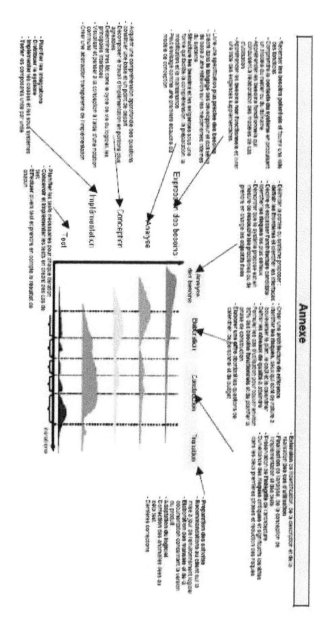

Bibliographie

1. Les ouvrages :

- PHP 4.x (Campus Press Edition 2003) : Ashish Wilfred ; Meeta Gupta ; Kartik Bhatnagar.
- UML 2.0 en action (Eyrolles 4éme Edition) : Pascal Roques ; Franck Vallée .

2. Sites Web :

- http://easyphp.org
- http://www.phpcs.com
- http://www.commentcamarche.net
- http://www.phpinfo.net
- http://www.tech-faq.com
- http://www.developpez.com

www.ingramcontent.com/pod-product-compliance
Lightning Source LLC
LaVergne TN
LVHW042341060326
832902LV00006B/318